AMIGOS

Nivel 3

Editor in Chief	Mario E. Hurtado
Writers	Denise Mesa Carlos Rodríguez - Castillo
Production, Art Direction & Design	Agustín Fernández
Illustrations	Héctor Cuenca Agustín Fernández
Cover	Agustín Fernández

4 5 6 7 8 9 10 99 98 97

Printed in the United States of America
ISBN: 1-56340-178-9
E.L.

Contenido

Unidad Preliminar

El barrio donde vivo

¡Hola! Yo me llamo Juan Valdés. Éste es mi barrio. Yo vivo cerca del supermercado. ¿De qué color es mi casa?

Hay muchas cosas en mi barrio. ¿Las ves tú? ¿Qué cosas son?
¿Quiénes trabajan en mi barrio? ¿Dónde trabajan?

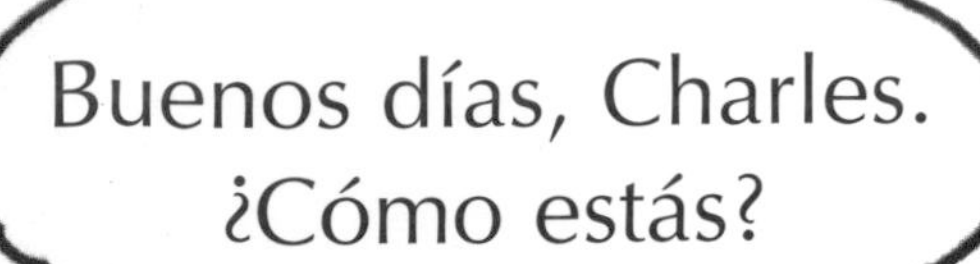
Buenos días, Charles. ¿Cómo estás?

Buenos días, señorita Rodríguez. Estoy bien, gracias. ¿Y usted?
Estoy muy bien, gracias. ¿Dónde está el libro de español?
Aquí está el libro, señorita.
Muy bien. ¿Y tu lápiz?
Aquí están mi lápiz, mi pluma y mi diccionario.
Tú estás muy bien preparado, Charles.
Gracias, señorita Rodríguez. El español es mi clase favorita.

Unidad

1

lección uno

¡Mírame como soy!

Yo soy una niña, me llamo Alicia y vivo en Costa Rica. Tengo doce años. Tengo los ojos azules y grandes y el pelo negro y lacio. Tengo los brazos y las piernas gorditos y los pies pequeños. No soy alta, soy mediana. Soy muy linda.

Yo soy un niño, me llamo Roberto y vivo en Puerto Rico. Tengo once años. Tengo pecas, los ojos verdes y el pelo rojo y rizado. Tengo las orejas pequeñas. Tengo los brazos largos y flacos y los pies grandes. Soy muy alto y muy guapo.

¿Cómo estás hoy?

Yo soy Isabel, vivo en la Argentina. Soy una muchacha alta y delgada. Soy una buena alumna, me gusta estudiar y soy inteligente. Mi mamá piensa que soy bonita porque tengo los ojos grandes, color de miel, y el pelo rubio y largo.

Yo soy alegre. Me gusta cantar y pintar. Mis amigos piensan que soy simpática. Yo soy así. ¿Cómo eres tú?

Contesta estas preguntas.

1. ¿Cómo se llama la muchacha?
2. ¿Es bonita o fea?
3. ¿Es una muchacha triste?
4. ¿Es pequeña esta muchacha?
5. ¿De qué color tiene los ojos?
6. ¿De qué color tiene el pelo?
7. ¿Qué le gusta hacer?
8. ¿Te gusta Isabel?

¿Cómo son las cosas?

¡Cuántas cosas hay!

¡Hola! Soy Alfredo.
Yo vivo en un edificio de apartamentos. El edificio tiene dos pisos (bajos y altos) y mi apartamento está en los altos. Es un apartamento grande. Tiene una sala, un comedor, una cocina, dos baños y tres dormitorios.
La sala es enorme; tiene dos sofás, tres mesitas, dos lámparas y un televisor. Las cortinas son largas y verdes. El comedor es grande y bonito; tiene una mesa grande y ocho sillas. La cocina tiene un fregadero, un refrigerador, una estufa, una mesa chiquita con cuatro sillas, y unos gabinetes. Los gabinetes son blancos y tienen las puertas amarillas. Los dos baños están muy limpios. Los dos tienen bañera, inodoro, espejo y lavamanos. Los dormitorios son medianos. Las camas son buenas y las cómodas son grandes.
A mí me gusta mucho mi apartamento. Mi dirección es: Calle 22 número 2511, Apartamento 2 B. ¡Vengan a visitarme!

Mariela y sus animales

Mariela es una niña muy alegre.
Ella está muy contenta porque vive en el campo. No es muy alta pero es fuerte y no está eneferma porque come bien y hace ejercicio al aire libre. Mariela tiene muchos animales en su granja. Tiene gallinas y pollitos, patas y patitos, gatas y gatitos, perras y perritos y conejas y conejitos. Tiene un gallo, un pavo, un buey y un toro. ¡Ese toro es muy grande y muy bravo! ¡También hay lagartijas y culebras en el campo! Además tiene 4 vacas, 3 ovejas, 3 chivos, 2 cerditos y 2 caballos.
Mariela no tiene bicicleta porque no la necesita. Cuando ella quiere ir a la casa de su amiga, ¡va a caballo! ¡Qué divertido!
¿Cómo vas tú a la casa de tu amigo?

¿Qué hay que hacer en el zoológico?

A mí me gusta mucho el zoológico. Me gusta ir los sábados a ver los animales. Hay muchos animales. Hay animales grandes y hay animales pequeños. Mi animal preferido es la jirafa. Me gusta porque es muy alta y muy bonita. Los osos, los tigres y los leones tienen dientes muy grandes y son muy fuertes. Los elefantes también son fuertes - ¡y enormes! Me gustan los monos y los gorilas porque juegan mucho y los pájaros porque cantan.
Para trabajar en el zoológico hay que hacer muchas cosas. Hay que darles comida y agua a los animales; hay que limpiar y lavar sus jaulas o "casas". ¡Hay que cuidarlos bien!

¿Quién es y qué quiere?

Está lloviendo mucho.
Ana ve una casa muy vieja.
Ella entra y mira pero
no ve a nadie.
Ana oye un ruido y pregunta:
— ¿Quién es?
Una voz contesta: — Nadie.
Ana va a la cocina. Ella oye el
ruido otra vez. Ella pregunta:
— ¿Qué quieres?
Una voz contesta:
— ¡Zapatos nuevos!
Ana oye entonces un ruido en
el dormitorio y abre la puerta.
Ella pregunta: — ¿Quién es?
Una voz, muy alegre,
contesta: — ¡Yo!
Ana pregunta:
— ¿Qué quieres?
La voz contesta:
— ¡Una cama nueva!
Ana no ve a nadie pero
oye voces. ¡Qué miedo!
Ella sale de la casa vieja
y corre a su casa.

lección ocho

¿Adónde fue Nicolás?

Nicolás está de visita en casa de sus abuelos. Ellos viven en la Ciudad de México. Viven al lado de un hospital nuevo y lejos de la catedral.
El tío de Nicolás vive en una casita en una montaña lejos de la Ciudad de México pero cerca de Sonora. Hay un río cerca de la casita.
También hay un puente viejo.
Las dos tías de Nicolás viven en un rancho al lado de un lago. Es un rancho enorme y tiene muchas vacas y caballos. Las personas que trabajan con los animales del rancho son los rancheros. Nicolás quiere ser ranchero pero no trabaja mucho.
Sus primos viven en un pueblo pequeño. Solamente hay una clínica chiquita, una iglesia pequeña y dos tienditas.

Una familia española

Un día en la vida de Juancho

Juancho es un niño español. Él tiene ocho años, es muy inteligente y vive en un pueblo pequeño. El pueblo está cerca de la ciudad de Granada. Juancho se llama Juan Miguel Porras y Sánchez pero sus amigos lo llaman Juancho. Juancho vive en la calle Príncipe con toda su familia.

La casa de Juancho es igual a todas las otras de su barrio. Es grande, con paredes anchas y muy blancas. Las casas son blancas porque hace mucho calor. Tiene ventanas grandes y bonitas y las ventanas del segundo piso tienen balcones con flores de muchos colores. A los abuelos de Juancho les gusta sentarse al aire libre en el balcón para mirar el pueblo alegre. ¡Qué lindo! Juancho comparte un dormitorio en el segundo piso con su hermano menor. A los niños también les gusta salir al balcón para ver lo que pasa y llamar a sus amigos. ¡Es muy divertido!

Un día en la vida de Juancho

Los dos hermanos se levantan temprano para ir a la escuela. Comen pan con mermelada y toman leche. A veces la abuela les da café con leche o chocolate. Ellos salen rápidamente para ir a la escuela con sus amigos. ¡Qué apuro!

En la escuela estudian muchas cosas. A veces tienen once o doce clases en una semana. Aprenden mucho y les gusta. ¡Qué aplicados!

A las 2 de la tarde todos los niños regresan a sus casas para comer. A esta hora tienen su comida fuerte o importante del día. Comen muchos platos ricos. A Juancho le gusta la paella, el arroz con pollo, la tortilla y el gazpacho (¡una sopa fría!).
Después de comer, todos duermen la siesta. ¡Qué bueno!

Un día en la vida de Juancho

Cuando se levantan de la siesta, Juancho y su hermano regresan a la escuela y estudian hasta las 5:00 o las 5:30. ¡Los alumnos trabajan mucho! ¡Qué estudiosos!

Cuando regresan a la casa a las 5:30 comen una merienda buena, juegan un poco y después hacen las tareas. Tienen muchas tareas. ¡Qué cosa!

Un día en la vida de Juancho

Por la noche tienen hambre y comen un poco. ¡A veces los niños se acuestan a las 10:00 de la noche! Diles a Juancho y a su hermano: Hasta mañana. ¡Que duerman bien!

Unidad 2
lección uno
La tiendita de la escuela
Necesito una pluma negra. ¿Cuánto cuesta?
TIENDA
Cuesta 35 centavos.
Necesito una caja grande para mis cosas.
Oye, Bill, ¿Cuánto cuestan los lápices?
Cuestan 10 centavos.
¡Ay! necesito una regla corta. ¿Cuánto cuesta?
Cuesta 25 centavos.

En la juguetería

Lección tres

Fui de compras

Tom: — ¿Es nueva tu pelota?
Bill: — Sí, la compré ayer.
Tom: — ¿Dónde la compraste?
Bill: — La compré en la juguetería. ¿Te gusta?
Tom: — Sí, me gusta mucho. ¿Cuánto te costó?
Bill: — Me costó 80¢.

Nicolás: — ¿Es nuevo tu juego de monopolio?
Sing-Hu: — Sí, lo compré el viernes pasado.
Nicolás: — ¿Dónde lo compraste?
Sing-Hu: — Lo compré en la tienda Guzmán. ¿Te gusta?
Nicolás: — Sí, me gusta mucho. ¿Cuánto te costó?
Sing-Hu: — Me costó 15 dólares.

¿Quién lo compró?

Lección cinco

¿Cuál compraste?

Las palabras **cuál** y **cuáles** se usan en preguntas para escoger entre dos o más personas, animales o cosas conocidas. **Cuál** se usa para escoger una persona, animal o cosa entre dos o más. **Cuáles** se usa para escoger más de una persona, animal o cosa entre varias.

Por ejemplo:

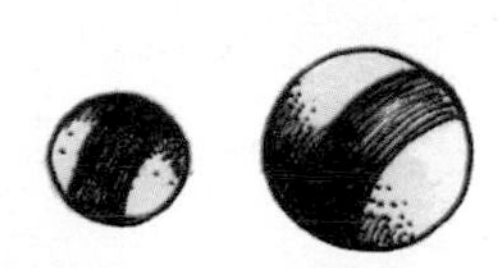

¿Cuál quieres?
Quiero la pelota grande.

¿Cuáles son bonitos?
Los zapatos negros son bonitos.

A veces se usan con sustantivos:

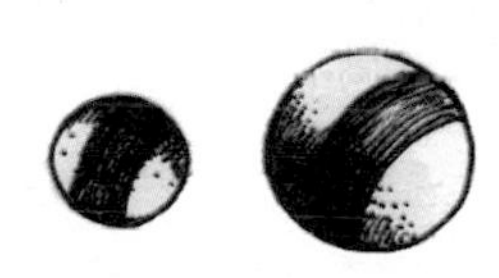

¿Cuál pelota quieres?
Quiero la pelota grande.

¿Cuáles zapatos son bonitos?
Los zapatos negros son bonitos

A. Escucha y repite.

¿Cuál es tu sombrero?	El sombrero verde es mi sombrero.
¿Cuál es la hermana mayor?	María es la hermana mayor.
¿Cuál es el libro de Juan?	El libro viejo es de Juan.
¿Cuál lápiz tiene Pablo?	Él tiene el lápiz corto.
¿Cuál galleta te gusta?	Me gusta la galleta dulce.
¿Cuál niño es más alto?	El niño a la derecha es más alto.
¿Cuáles son tus papeles?	Los papeles azules son mis papeles.
¿Cuáles son los niños buenos?	Los niños de mi clase son los niños buenos.
¿Cuáles son las plumas de María?	Las plumas nuevas son las plumas de María.
¿Cuáles animales te gustan?	Me gustan los animales de la finca.
¿Cuáles libros lees tú?	Leo libros en español.
¿Cuáles manzanas le gustan a Paco?	Le gustan las manzanas grandes y verdes.

Lección seis

Todos trabajamos en casa

El sábado pasado mi papá limpió su carro nuevo por dentro y lo lavó por fuera. Mi mamá cocinó una comida muy grande y muy buena. Después mi hermano mayor lavó los platos. Mi abuela ayudó a limpiar la cocina. Yo limpié mi dormitorio y después bañé al gato. Mi hermana limpió su dormitorio y bañó al perro.

Mi abuelo trabajó mucho en el patio de la casa. Por la tarde mi abuelo me enseñó a recortar muñecos de papel. Yo recorté muchos muñecos con mis tijeras pequeñas.

Mi mamá habló con su amiga por teléfono. Mi hermano dibujó animales y mi hermana saltó por todas partes.

El horario de Fabio

	LUNES	MARTES	MIÉRCOLES	JUEVES	VIERNES	SÁBADO	DOMINGO
8:00 8:50	Español	Inglés	Educación física	Ciencias	Educación física	D	D
9:00 9:50	Matemáticas	Matemáticas	Español	Sociales	Español	E S	E S
9:50 10:10	Recreo	Recreo	Recreo	Recreo	Recreo	C A	C A
10:10 11:00	Ciencias	Ciencias	Matemáticas	Español	Matemáticas	N S	N S
11:10 12:00	Música	Arte	Inglés	Inglés	Inglés	O	O

En cada clase hay un reloj. Necesitamos saber la hora en la escuela porque tenemos muchas clases. Cada clase tiene una hora especial. Hay que saber adónde tenemos que ir y a qué hora.

La lista de todas las clases y de las horas se llama horario. Fabio tiene su horario para poder llegar a las clases a tiempo. Y tú, ¿tienes un horario de clases?
¿En qué días tiene Fabio clase de español?
¿Cuándo tiene clase de música?
Y matemáticas, ¿qué día tiene clase de matemáticas?
¿En qué día tiene clase de arte?
¿Cuándo tiene clase de inglés?
¿Cuándo descansa?

Hablando de tu horario:
¿Cuántas clases tienes tú?
¿En qué días tienes tú clase de español?
¿Cuál clase te gusta más?
¿A qué hora tienes el recreo?

¿Cuándo?

Normalmente descansamos los domingos. Mis hermanos y yo jugamos con nuestros juguetes. Mi papá lee el periódico y hace el crucigrama. Mi mamá lee un libro interesante. Mis abuelos trabajan en el jardín si hace sol. ¡Nuestros animalitos duermen! Al perro le gusta dormir en mi cama y al gato le gusta dormir en el sofá. ¡Esto no le gusta a mi mamá!

El cuento de Juan Pablo

Juan Pablo García Gómez es un niño colombiano. Él tiene 9 años y vive con sus padres, su hermana y su abuela. Ellos viven en un apartamento en Bogotá, la capital de Colombia. El apartamento es grande y el edificio es muy alto. Bogotá está en las montañas. A veces hace mucho frío pero no nieva. Sólo tiene dos estaciones, invierno — en que llueve mucho, — y verano — en que llueve poco. A menudo las personas necesitan un paraguas en el invierno.

El cuento de Juan Pablo

Juan Pablo está de vacaciones ahora. Él se divierte mucho. Todos los días él y sus amigos salen a jugar. De lunes a viernes juegan frente al edificio donde viven. Los sábados Juan Pablo juega fútbol en el Parque Nacional con niños de otros barrios. Él juega muy bien.

La semana entrante las clases empiezan de nuevo. Juan Pablo ya terminó segundo de primaria y va a entrar a tercero. Hay tres cursos diferentes de tercero en su colegio. Él va a estar en el Curso B. Él está muy contento porque le gusta mucho estudiar y aprender. Su clases favoritas son las matemáticas, las ciencias y el arte. También le gusta mucho la educación física. Este año él va a tener doce clases diferentes. ¡Va a aprender mucho!

El cuento de Juan Pablo

La semana pasada la mamá de Juan Pablo lo llevó a comprar ropa nueva y otras cosas para el colegio. Ella lo llevó a muchas tiendas. Primero ella le compró lápices, plumas, cuadernos, papel y una regla. También le compró los libros para las clases.

Después la mamá de Juan Pablo lo llevó a las tiendas de ropa. A Juan Pablo no le gusta mucho ir de compras —especialmente compras de ropa— ¡pero a su mamá le gusta mucho! Ella le compró los uniformes nuevos: cinco camisas blancas, cinco pantalones largos de color azul oscuro, cinco pares de medias, 2 pares de zapatos negros, un suéter azul oscuro y una chaqueta azul oscuro. ¡Pobrecito Juan Pablo! Él no estaba muy contento. ¡Qué cansado estaba! Al llegar a la casa él llamó a su amigo Diego por teléfono y le contó de sus compras.

El cuento de Juan Pablo

Esta semana Juan Pablo no está cansado. Él se siente feliz. Está pensando en ver a sus amigos del colegio de nuevo y también está pensando en estudiar y aprender mucho. ¡Qué bueno!

Unidad

3

¿Qué te gusta?

Lección uno

¡ES LA HORA DE LA MERIENDA!
Carola tiene mucha hambre pero no sabe qué quiere comer. Ella piensa en las comidas que le gustan —¡Y le gustan muchas! Piensa en vegetales como la zanahoria, el apio, el maíz, las habichuelas y la lechuga. Piensa en ensaladas de lechuga y tomate o de espinacas. También piensa en frutas como la manzana, la pera, las fresas, la naranja, las cerezas o el mango.
Llega su amigo Bill. Él le pregunta: —¿Qué pasa, Carola? ¿Estás enferma?
Carola lo mira y le dice: —No, no estoy enferma. ¡Tengo hambre pero no sé qué comer!
Bill le contesta: —¡Yo sí sé qué comer! A mí me gustan mucho las frutas. Quiero comer una naranja dulce.
Carola se ríe y le dice: —A mí también me gusta mucho la fruta. ¡Yo quiero comer un mango!

¿Dónde compras?

Hoy es sábado y voy de compras con mi mamá. A mí me gusta ir de compras con ella porque ella compra muchas cosas buenas.

Hoy vamos primero a la juguetería para comprarle un regalo a mi hermanita. Su cumpleaños es mañana.

Después vamos a la panadería para comprar pan fresco. ¡Qué rico! A mí me gusta comerlo caliente.

La pastelería está al lado de la panadería. Allá vamos a comprar los pasteles de carne y de queso para la fiesta. ¡También vamos a comprar una torta de chocolate!

¿Dónde compras?

Hoy no vamos a la carnicería a comprar carne. Mi papá quiere comer pescado esta noche. Mi mamá y yo vamos a la pescadería a comprar un pescado grande.

Después vamos a la frutería a comprar muchas frutas. Hoy vamos a comprar mangos, uvas, cerezas, naranjas y una piña. A mis abuelos les gustan las uvas y las cerezas. A mi hermanita le gusta la piña y a mi papá le gusta el mango. Mi mamá no come mucha fruta —¡pero yo sí! A mí me gusta la ensalada de frutas.

Cuando mi mamá va a comprar la leche
en la lechería, ella me da dos pesos
para comprar un helado
en la heladería que está al lado.
A mí me gusta el helado de fresa.

Antes de ir a la casa, vamos a visitar al zapatero para
recoger los zapatos de mi abuelo. ¡Va a ser un buen día!

Unidad tres

Lección tres

¿Cuánto cuesta?

A. Escucha y repite.

— ¿Cuánto cuestan los limones?
— Los limones cuestan 20¢.
— ¿Cuánto cuestan las peras?
— Las peras cuestan 69¢.
— ¿Cuánto cuestan las naranjas?
— Las naranjas cuestan 55¢.

— ¿Dónde compras la leche?
— Yo la compro en el supermercado.
— ¿Dónde compra tu mamá la medicina?
— Mi mamá la compra en la farmacia.
— ¿Dónde compras el pan?
— Yo lo compro en la panadería.

Diálogos.

— ¡Qué bonita está tu gorra!
— La compré en la tienda Casa López.
— ¿Cuánto te costó?
— Me costó $2.00.

— A mí me gusta tu vestido rojo.
— Me lo compré ayer.
— ¿Cuánto te costó?
— Me costó $15.00.

— ¡Qué lindos están tus zapatos!
— Los compré la semana pasada.
— ¿Cuánto te costaron?
— Me costaron $25.00

— Me gusta mucho tu camisa.
— Me la compré hace dos años.
— Está muy linda y me gusta ese color azul.
— Gracias.

Ahora, en un papel, escribe un diálogo
sobre lo que cuesta algo que tú quieres comprar.

¡Buen provecho!
¡Buen provecho!
¡John Smith!
Diccionario
Dictionary
spanish
ingles
¡Buen provecho!
¡John Smith!
¡Buen provecho!
¡John Smith!

¿Qué hiciste?

El sábado pasado fue mi cumpleaños. Había una fiesta en mi casa. Miré en el refrigerador pero ví que no había comida.

Escribí una lista y la leí dos veces. Corrí al supermercado.

Recogí mis bolsas rápido en los brazos.

Corrí de nuevo a mi casa.

Repartí la comida entre mis amigos y comí con ellos.

De compras con mi abuelita

Hola. Yo soy Elvira Rodríguez. Tengo 10 años y vivo en Guatemala. Guatemala es un país pequeño. La capital es la Ciudad de Guatemala. Yo vivo en un barrio bonito de la capital. Las casas son nuevas y lindas.
Mi abuelita vive en otro barrio. Ella dice que no le gustan las casas nuevas; le gustan las casas antiguas. Dice que tienen una historia interesante.

A mi me gusta visitar a mi abuelita los fines de semana porque ella sabe muchos cuentos. Ella me habla del quetzal, el pájaro nacional de Guatemala. Es un pájaro lindo; es verde con la cara roja y amarilla y tiene unas plumas muy largas.

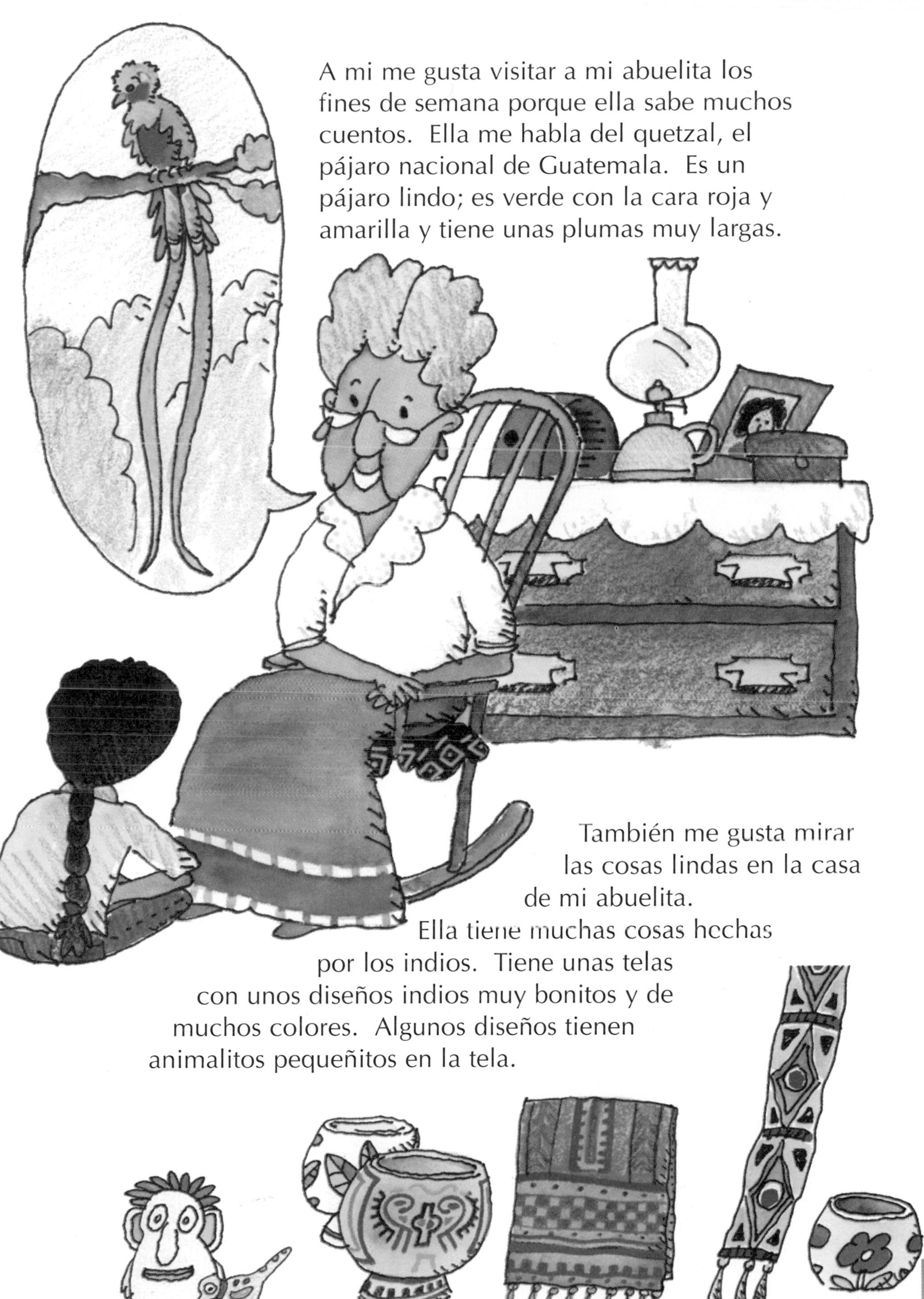

También me gusta mirar las cosas lindas en la casa de mi abuelita. Ella tiene muchas cosas hechas por los indios. Tiene unas telas con unos diseños indios muy bonitos y de muchos colores. Algunos diseños tienen animalitos pequeñitos en la tela.

De compras con mi abuelita

Lo que más me gusta es que mi abuelita me lleva de compras los sábados. Ella me lleva a una plaza de mercado pequeña. La plaza queda cerca de su casa. A mi mamá le gusta ir al supermercado moderno pero a mi abuelita le gusta la plaza. Ella dice que las cosas son más frescas porque los indios y los campesinos las traen todos los días. También dice que hay más frutas y vegetales en la plaza. Hay piña, anón, guanábana, tamarindo, naranja, limón y muchas otras frutas. Abuelita dice que la comida cuesta menos en la plaza pero yo creo que ella va a la plaza para regatear y hablar con sus viejos amigos.

Alrededor de la plaza hay tienditas. Caminamos y miramos todo. Mi tiendita favorita es la heladería. A veces hacen helado de guanábana. ¡Qué rico! Mientras la abuelita compra pan en la panadería, yo compro un helado al lado con los quetzales que ella me da.

De compras con mi abuelita

En el camino a la casa siempre hablamos de todo lo que vimos.

Unidad 4

Lección cinco

El sueño de Ricardo

El sueño de Ricardo

Lección seis

¡Las aventuras de tres amigos!

Mario, Jesús y Victoria son muy amigos. Ellos viven en el mismo barrio y van a la misma escuela. Los tres niños están en cuarto grado este año. A los tres les gusta mucho leer. Ellos leen muchas aventuras y piensan mucho en estas aventuras. A veces sueñan con tener aventuras iguales.

A veces van a jugar al bosquecito detrás de la casa de Victoria. Juegan a muchas cosas y piensan que tienen muchas aventuras.
A veces, les cuentan esas aventuras a sus mamás, pero, como siempre, ellas no les creen.

Un día, estaban muy contentos jugando en el bosquecito cuando de pronto Victoria oye cerca de ellos unos ruidos raros en las ramas. ¡Socorro! ¡Es un oso! dice Victoria.
¡No digas mentiras! Contestan los niños.

De pronto, Jesús y Mario ven algo negro y grande que los mira. Tiene una boca enorme, con dientes muy grandes, que grita ¡UUUh! ¡UUUHHH!

¡Qué susto! ¡Es un oso enorme,
que les enseña todos los dientes
porque se los quiere comer!
¡Pronto todos empiezan a correr!

El oso los ataca. Hay que pensar rápidamente si quieren salvarse.
No es fácil correr porque hay muchas piedras,
ramas, hierbas y raíces por todas partes.

¡Y lo peor es que el oso se pone a correr detrás de ellos! Jesús se cae y Victoria y Mario lo ayudan... ¡Corren mucho!

¡El oso está cada vez más cerca y tienen mucho miedo! ¡Pam! ¡Se vuelve a caer! Todos siguen corriendo. Jesús pierde su gorra nueva en la carrera. Victoria se ensucia los pantalones con la tierra.

Lección seis

Corren tanto que
están muy cansados.
Tienen el tiempo
justo para subir
a un árbol
muy alto. Al
fin los tres pueden
sentarse en
las ramas porque están
muy cansados.

Mario se quita su chaqueta roja y la pone en una rama.
Victoria mira su ropa... ¡Qué sucios están sus
pantalones blancos! Jesús piensa
en su gorra nueva.

¡Qué bueno!
El oso ya no los
puede atrapar y
hasta le hacen burla...
¿Cómo? ¡Los osos no suben
a los árboles! ¡Ay, que miedo!
Los pájaros hacen cui, cui, y los
dientes de los niños hacen
ta - ta - ta... ¡Suben y suben por
las ramas... y el oso también!

Pero, de pronto, ¡Paff!
¡Sorpresa!
El oso desaparece... y es natural,
porque no es real. Esto sólo
pasa en los cuentos para niños...
¡Qué bueno! ¡Ya pueden irse
otra vez a jugar al bosquecito
detrás de la casa de Victoria!

La familia de Patty

Los padres de Patty son cubanos. Ellos decidieron venir a los Estados Unidos hace tiempo. Al fin llegaron a la Florida, donde viven ahora. Fue muy difícil salir de la isla de Cuba, pero Patty no se acuerda mucho, porque ella llegó muy pequeña.
El papá de Patty encontró trabajo en la compañía de teléfonos.
La mamá fue a la universidad para terminar los estudios de maestra.
Ahora la mamá de Patty enseña español en una escuela. La escuela está en la ciudad de Miami. A ella le gusta mucho la escuela y está muy contenta.
Patty y sus hermanos van a la escuela también, pero ellos no enseñan, ellos aprenden muchas cosas nuevas. Al principio, a ella no le gustó la escuela, pero ahora tiene muchos amigos nuevos y le gusta mucho.
El día de su cumpleaños sus amiguitos le llevaron muchos regalitos.
Todos tomaron refrescos y comieron muchas cosas muy ricas.

La bisabuela de Pablo

Pablo es un niño mexicano. Él y su familia llegaron a los Estados Unidos hace años. Ellos compraron una casa en la ciudad de Austin, en Texas, cuando llegaron. Todos viven en la misma casa. Pablo quiere mucho a su familia, que son su papá, su mamá, su abuelo, su abuela y su bisabuela.

A Pablo le gustan mucho los números. Juega con ellos como nosotros con las palabras. En 1985 tenía ocho años. Un día le dijo a su papá:

— Papá, ¿cuántos años tienes?

Y su papá le contestó:

— Treinta y tres.

Pablo se calló, pensó un poquito y dijo:

— Entonces naciste en 1952.

— Sí, hijo. — contestó el padre.

Pasó un ratico y Pablo volvió a preguntar:
— Oye, papá, y el abuelo,
— ¿cuántos años tiene?
— Sesenta y tres —dijo su padre.
Pablo volvió a pensar un momento y dijo muy contento:
— ¡Entonces nació en el año 1922!
— Sí, hijo, sí. Haces muy bien las cuentas — le dijo su papá muy contento.

Pero Pablo tiene alguien en la familia con más años todavía. Es la bisabuela.
Todos la llaman cariñosamente Bubu. Y, claro, Pablo preguntó por ella.
— Oye papá, y Bubu, ¿cuántos años tiene?
— Noventa y ocho, hijo. Muchos años.
Pablo se quedó muy serio. Pensó mucho, y por fin... despacio, le preguntó a su papá:
— Oye papá, ¿Bubu nació cuando no había años?

Una visita de suerte

Victoria es una niña nicaragüense. Victoria estaba de visita en la casa de sus primos en Nueva York. Ella estaba muy contenta con sus primos y los otros niños del barrio. Un día le llegó una carta de sus papás. La carta dijo: Querida Victoria: Vamos a ir a Nueva York para verte en una semana. Te extrañamos mucho.
Vamos a viajar el martes por la noche. Primero vamos a la Ciudad de México y de allí vamos en avión a Nueva York. Hasta pronto. Besitos.

Cuando todos llegaron, Victoria estaba muy contenta. ¡Ella abrazó y besó a toda la familia! Después se sentaron a comer y a hablar del viaje. A Victoria le gustó mucho la visita a la casa de sus primos — pero le gustó mucho más cuando llegó su familia. Ella tenía su muñeca favorita, el bate que le regaló su primo — ¡y también tenía a su familia!

Unidad

5

Lección dos

¿Qué te duele?

La mamá lleva a Elisa al hospital. Van a ver a un amigo que está enfermo. Hay muchas personas enfermas. Cada vez que una persona dice que le duele algo, Elisa dice que a ella le duele más. También dice que a su abuelita le duele.

Lección cuatro

Una visita al médico

EN EL CONSULTORIO DEL MÉDICO

Enfermera — Entre. ¿Qué le pasa?
Paciente — Me siento mal.
Enfermera — Llene esta planilla.
Paciente — Está bien... Aquí tiene Ud.
Enfermera — Gracias. Espere unos minutos, por favor.

Enfermera	— El médico lo puede ver ahora. Pase.
Paciente	— Gracias.
Doctor	— Buenos días. ¿Cómo se siente hoy?
Paciente	— No me siento bien, doctor.
Doctor	— ¿Le duele la cabeza?
Paciente	— No, no me duele.
Doctor	— ¿Le duele el estómago?
Paciente	— No, no me duele.
Doctor	— ¿Qué le duele?
Paciente	— Me duele la garganta. También me duelen los oídos y tengo tos.
Doctor	— Tome estas pastillas y este jarabe para la tos.
Paciente	— Muchas gracias, doctor.

Una visita al médico

Paciente — ¡Ay, doctor! Me duelen mucho la cintura y los pies.
Doctor — ¿No le duelen las piernas también?
Paciente — No, no me duelen las piernas; sólo la cintura y los pies. ¿Qué hago?
Doctor — Tiene un poco de artritis. Le voy a recetar una medicina.
Paciente — Gracias, doctor.
Doctor — Aquí tiene la receta. Ponga los pies en agua caliente y no camine mucho.
Paciente — Hasta luego, doctor.

lección cinco

En la farmacia

¡Hola! Yo soy Miguelito. Cuando yo estoy enfermo, mi abuela me lleva al médico. El médico me da una receta para comprar las medicinas.

Mi abuela lleva la receta a la farmacia. En la farmacia venden muchas medicinas: pastillas, píldoras, jarabes, gotas, gárgaras y aspirinas. Para comprar muchas medicinas hace falta tener una receta del médico.

En la farmacia también venden muchas otras cosas que no son medicinas. Mientras mi abuela compra la medicina, yo miro los juguetes que venden. Quiero comprar el avioncito rojo pero no tengo dinero hoy. Después de comprar la medicina, vamos para la casa.

¿Dónde compras tú las medicinas?

¡Pobrecito, Miguelito!

Es invierno y hace mucho frío. Hay mucha nieve en el suelo.
El sábado pasado, Miguelito y sus amigos jugaron en la nieve toda la mañana.

Después de jugar, Miguelito entró a la casa. Él se quitó el abrigo, la bufanda, la gorra, los guantes y las botas. Se sentó a mirar la televisión pero se durmió.

Ahora son las dos de la tarde y la abuela de Miguelito lo llama desde la cocina. Ella está haciendo galletas de chocolate. Ella llama a Miguelito de nuevo pero él no contesta. Ella va a ver lo que le pasa.

La abuela despierta a Miguelito y le pregunta:
—Miguelito, ¿qué te pasa?
Miguelito le contesta: —No me siento bien, abuelita.
Ella dice: ¡Ay, pobrecito! Tienes tos.
—Creo que tengo fiebre.— dice Miguelito.
—A ver... sí, tienes fiebre.
—Pues, te llevo al médico.

¡Pobrecito Miguelito!

Miguelito y su abuelita van al consultorio del Dr. Peralta, que es el médico de la familia. La enfermera les pregunta qué pasa y la abuela le dice que Miguelito está enfermo. La enfermera le da una planilla a la abuela. La abuela llena la planilla y se la da a la enfermera. Después los dos aguardan en la sala de espera.

Después de media hora, Miguelito y su abuela pasan a una salita. Llega el médico y examina a Miguelito. Le toma la temperatura y le mira la garganta y los oídos.

El médico le dice a Miguelito que tiene un catarro muy malo. Le dice que tiene que estar en cama por una semana. El médico escribe las medicinas en un papel especial y le dice a la abuela:
— Aquí tiene la receta, puede comprar estas medicinas en la farmacia hoy.

Ahora Miguelito y su abuela van a la farmacia. La abuela le da la receta al empleado de la farmacia y vuelve después a buscar las medicinas: unas pastillas para la garganta, unas píldoras para la fiebre y un jarabe para la tos.

¡Pobrecito, Miguelito!

Cuando llegan a la casa, Miguel se acuesta. La abuela le da la medicina y le dice que puede comer las galletas de chocolate mañana. En unos minutos Miguelito está dormido.

Las comidas

Mamá — ¿Qué quieres comer en el desayuno?
Lola — Quiero comer huevos con tocino y pan tostado.
Mamá — ¿ Qué quieres tomar?
Lola — Quiero tomar leche.
Mamá — ¿Quieres comer algunas frutas?
Lola — Sí, quiero comer naranjas y sandía.
Lola — ¿Qué hora es mamá?
Mamá — Son las siete y media.
Lola — Es tarde, me voy a la escuela.
Mamá — No, hija, no es tarde. Tienes media hora para tomar el desayuno.
Lola — ¡Qué bueno, mamá! ¡Hoy tengo mucha hambre!

¿Cómo son?

¿CUÁL ES CUÁL?

Alejandra y Luisa son muy amigas y se quieren mucho. Les gusta ir al parque juntas y montar en bicicleta, pero no siempre les gusta hacer las mismas cosas.

A una de las niñas no le gusta estudiar mucho; no es aplicada y no le gusta hacer sus tareas. A la otra sí le gusta estudiar; es muy aplicada. A una de ellas le gusta mucho leer. En cambio, la otra prefiere mirar la tele.

No se parecen mucho. Una de ellas es alta y la otra es baja.

Una es delgada y la otra es gordita. Una tiene el pelo corto y la otra tiene el pelo largo. Una es morena y la otra es rubia. Aunque no se parecen mucho las dos son muy buenas personas. No son antipáticas — son simpáticas.
Alejandra que vive lejos va en bicicleta hasta la casa de Luisa y desde allí, siempre caminan juntas a la escuela.
Ahora mira bien el dibujo y decide cuál de las niñas es Luisa y cuál es Alejandra. ¿Cómo sabes?

¿Qué hacen?

UNA VENTA DE "SEGUNDA MANO"

La familia de Raquel se va a mudar, a una casa nueva. Tienen una reunión familiar para decidir que van a llevar a la casa nueva.
La mamá de Raquel dice: —Tenemos muchas cosas usadas, muebles viejos y utensilios de cocina que no necesitamos. ¿Qué vamos a hacer con ellos?
Raquel contesta: —¿Por qué no tenemos una venta de cosas de segunda mano?
—¡Ah sí! ¡Qué bueno!, dice su hermanito.
Podemos poner todas las cosas en el portal y en el garaje.
Todos están muy contentos. Van a vender muchas cosas viejas, pero buenas. Raquel quiere vender un par de patines porque ya son muy pequeños. Sus hermanos menores van a vender muchos juguetes que ya no usan. La hermana mayor de Raquel va a vender un espejo viejo y varias faldas, blusas, vestidos y zapatos que ya no usa. También va a vender unos libros. Ahora que es mayor, ella cree que son libros para niños pequeños.
La mamá le pregunta a Raquel: —¿Por qué no vendes el radio chiquito también? Tu abuelita te regaló un radio nuevo y ya no usas el radio chiquito.
Raquel contesta: —Sí, mamá, ¡qué buena idea!
Lola, la hermana mayor pregunta: —¿Cuánto cuesta, Raquel? Necesito un radio pequeño.
Raquel dice: —Para tí, sólo cinco dólares.
—Lo compro, contesta la hermana.
—Aquí tienes los cinco dólares.

Los hermanitos de Raquel miran todas las cosas. Tomás ve los patines; él quiere aprender a patinar. Él los quiere comprar y le pregunta a Raquel:
—¿Cuánto cuestan los patines?
—Para ti sólo 6 dólares.— contesta ella.
—¡Qué bueno! Aquí tienes los 6 dólares.
—¡Gracias!
—Y yo quiero los libros. ¿Son tuyos, Raquel?
— pregunta su otro hermano Germán.
—No. No son míos. Son de Lola.— contesta Raquel.

Lola oye a su hermanito y viene a ver lo que quiere.
Germán le pregunta:
—¿Cuánto cuestan los libros?
—¡Para ti sólo 5 dólares!— contesta ella.
—¡Qué bueno!— dice Germán. Toma tus 5 dólares.
¡A mí me gustan las ventas de segunda mano!
—¡A mí también!— dicen los otros tres niños a la vez.
—¡A mí, no!— Dice la mamá. ¡Todas las cosas se quedan en casa!

¿Ahora mismo?

— Buenas tardes.
— Buenas tardes.
— ¿Cómo estás?
— Bien, ¿y usted?
— Bien, gracias. ¿Está tu mamá?
— Sí, pero está ocupada. Está cocinando.
— ¿Está tu papá?
— No, él no está. Está trabajando.
— ¿Está tu hermano mayor?
— Sí, pero está haciendo la tarea.
— ¿Está tu hermana mayor?
— No, ella no está. Está en clase de ballet.
— ¿Quién está?
— ¡Yo! Estoy yo, pero estoy hablando por teléfono en la otra línea.
— ¡Adios!

¡Tampoco yo!

Bienvenidos a mi clase. Soy James. Mis compañeros y yo estamos muy ocupados hoy. Estamos preparando todo para la función que vamos a dar en dos semanas.

El grupo de niños que está al lado del piano va a cantar una canción de Chile. Por eso están ensayando ahora. Otro grupo va a bailar un merengue de La República Dominicana. Ellos están ensayando el baile en el escenario. Tres niños van a recitar diferentes poemas. Paul está recitando un poema de España y Marilyn está estudiando uno de Guatemala. Joey va a recitar un poema de Nuevo México pero no lo está ensayando porque ya lo sabe bien.

¡Tampoco yo!

A mí no me gusta cantar. Tampoco me gusta bailar. A mí me gusta dibujar y pintar. Por eso yo estoy en otro grupo. Nosotros estamos pintando el telón de fondo para la función. A los niños del último grupo les gusta diseñar y coser. Ellos están haciendo los disfraces para todo el mundo. Ellos están haciendo disfraces para representar cada país. Todos estamos muy contentos. ¡Esta función va a ser la mejor de todas!

¡Cuídalos!

Ésta es una selva tropical. Las selvas tropicales son muy interesantes. Tienen muchos árboles muy altos, plantas, animales e insectos.

En esta selva tropical hay una gran variedad de cosas. Hay insectos que comen plantas y... ¡hay plantas que comen insectos!

También hay una variedad grande de animales y plantas peligrosas. Hay plantas venenosas, hay culebras venenosas y... ¡hay ranas venenosas!

No quedan muchas selvas tropicales en las Américas. El hombre las está destruyendo todas. Corta los árboles y quema las plantas. Cuando hace esto los animales no tienen donde vivir y se mueren.

Para proteger las pocas selvas que quedan, la gente las está estudiando. Uno de los científicos en esta selva está estudiando la vida de los mosquitos. Otro está estudiando las plantas.

¡Cuídalos!

A veces hay ríos o lagos en la selva y a veces la selva está al lado de una bahía. Este bosque está al lado de una bahía pequeña y hay una isla en la bahía. Hay un científico en la isla; él está estudiando los animales que viven allá. El científico que está en el agua es un biólogo marino y él está estudiando las plantas y los animales que viven en el fondo de la bahía.
Estas selvas son muy lindas y muy importantes. Nosotros tenemos que ayudar a cuidar las selvas tropicales o si no van a desaparecer durante nuestra vida. ¡Ayuda a cuidarlas!

El viaje

Hoy es el primer día de las vacaciones de Miguelito. Él va a pasar dos semanas con sus tíos en Puerto Rico. Está muy contento. Está empacando su ropa en su maleta. No lleva abrigo; tampoco lleva guantes. No los lleva porque no hace frío en Puerto Rico, pero sí lleva un libro para leer en el avión. Sólo lleva uno porque sabe que no va a tener tiempo para leer en Puerto Rico; hay muchas cosas que ver y que hacer en Puerto Rico.

Sus tíos y dos de sus primos lo están
esperando en el aeropuerto de San Juan.
Todos están muy felices de verlo.
Lo saludan con besitos y abrazos y
después van a recoger la maleta.

Puerto Rico es una isla muy linda. En el camino a la casa pasan por el Viejo San Juan, la parte más antigua de la ciudad. A Miguelito le gusta mirar los edificios viejos. Son muy bonitos y muy interesantes.
El edificio que más le gusta a Miguelito es la Casa del Gobernador, uno de los edificios más antiguos de todas las Américas.

El viaje

Cuando llegan a la casa, Miguelito saluda a los otros familiares que lo están esperando. Él tiene una familia grande. ¡Qué bueno!

Los primos lo invitan a jugar béisbol. El béisbol es el deporte favorito en Puerto Rico. Hay una ciudad deportiva para niños hecha por Roberto Clemente. Él fue un jugador de béisbol muy famoso de la isla y ayudó a muchas personas durante su vida. Él murió hace muchos años.

El viaje

Después de jugar, los niños van a la casa. La comida ya está lista y la familia los está esperando para comer. Durante la comida todos hablan de sus planes para la visita de Miguelito. Van a ir de compras, van a ir a la playa, van a visitar a otros familiares y amigos, y van a ir al Yunque, un bosque tropical muy lindo y muy famoso.

Mientras hablan, Miguelito piensa en lo que más le gusta hacer. Su tío Carlos es un biólogo marino y él lo va a llevar a la Isla de Vieques a ver las aguas de la Bahía de Mosquitos. Estas aguas tienen organismos que producen luces de noches. Cuando uno nada puede ver las luces. ¡Qué interesante!

El viaje

Por la noche Miguelito se acuesta muy cansado pero muy contento. Él piensa:
—¡Qué bien lo voy a pasar aquí con mi familia!

¡Hay que trabajar!

Hoy es viernes. Es el día de limpiar el salón de clase. La maestra les dice a los alumnos:
—Juan, limpia las mesas. Pepe, recoge la basura. Ana, borra la pizarra. Carola, abre el armario. Bill, guarda los juguetes en el armario. Tom, cierra la ventana. Paco, guarda los libros en el librero. Lila, reparte los papeles. Hsing Ho, escribe la tarea en la pizarra pequeña. Nicolás, barre el piso.

¡Hay que trabajar!

Cuando terminan, la maestra dice:
— ¡Ay, ay, ay! ¡No recuerdo quién hizo qué!
Hay que hacer una lista.
Ella pregunta:
— ¿Quién borró la pizarra?
Ana contesta:
— Yo la borré.
Ella pregunta:
— ¿Quién repartió los papeles?
Contestó Lila:
— Yo los repartí.
Pregunta:
— ¿Quién limpió las mesas?
Juan contesta:
— Yo las limpié.
La maestra pregunta de nuevo:
— ¿Quién barrió el piso?
Nicolás contesta:
— Yo lo barrí.
Ella pregunta:
— ¿Quién cerró la ventana?
Tom contesta:
— Yo cerré la ventana.

Pregunta:
— ¿Quién escribió la tarea?
Hsing Ho contesta:
— Yo escribí la tarea.
La maestra pregunta:
— ¿Quién guardó los juguetes?
Bill contesta:
— Yo los guardé.
Ella pregunta:
— ¿Quién guardó los libros?
Paco contesta:
— Yo los guardé.
Pregunta:
— ¿Quién abrió la puerta?
Carola contesta:
— Yo la abrí.
Ahora pregunta:
— ¿Quién recogió la basura?
Pepe Contesta:
— Yo la recogí.

¡Hazlo bien!

EL LUNES

Hoy es lunes. La maestra siempre llega al salón de clase primero. Ella siempre examina todo con cuidado... Hoy no está contenta. Cuando llegan los niños, ella dice:
— El viernes pasado no todos limpiamos bien. —¿Quién guardó los libros?
Paco contesta: — Yo los recogí.
La maestra le dice: — No los guardaste todos. Guárdalos bien ahora, por favor.
Ella continúa: — ¿Y quién borró la pizarra?
Ana contesta: — Yo la borré.
La maestra le dice: — No la borraste bien. Bórrala bien ahora, por favor.
La maestra mira por todo el salón de clase y les dice a los otros alumnos:
— El resto del salón se ve muy bien.
Me gusta el salón limpio. ¡Gracias!

El tesoro de Teresa

—¿Para qué haces ese agujero? preguntó Jorge a su hermana.
—Para enterrar un tesoro— contestó Teresa.
—¿Qué clase de tesoro?— preguntó Jorge.
—Es un secreto— dijo Teresa.
Cuando terminó, Teresa metió un paquete en el agujero y llenó el agujero de tierra otra vez.
—¿Y cómo vas a encontrar el tesoro de nuevo? preguntó Jorge.
—Muy fácil— dijo Teresa —Voy a hacer un mapa.
Teresa dibujó el jardín en un papel y marcó con una X el lugar donde enterró el tesoro.

El tesoro de Teresa

—Pero si alguien encuentra el mapa, puede desenterrar tu tesoro.— dijo Jorge.
—No.— dijo Teresa. —Voy a esconder el mapa y así mi tesoro va a estar a salvo.
—Además, voy a guardar la caja con el mapa en mi cuarto, y no voy a dejar que nadie se acerque.
Teresa envolvió la caja como un regalito y la puso en su cuarto, y se sentó en una silla al lado de la caja.

—¡Teresa!, ¡Teresa! Hijita ven que tu abuelito está aquí para merendar.— dijo su mamá.
Teresa, Jorge y sus padres salieron a saludarlo. ¡Feliz cumpleaños abuelo! gritaron todos.
Después de merendar, el abuelo abrió los regalos. El padre le regaló unos zapatos. La madre, una camisa. Jorge le regaló un libro. Teresa le dió el regalito.
Cuando el abuelo abrió el regalito de Teresa, encontró la cajita con el mapa.
—¿Es este mapa mi regalo?— preguntó.
—No, tienes que encontrar el lugar marcado.— dijo Teresa.

El tesoro de Teresa

El abuelo, entonces, salió al jardín y contó los pasos que llevaban hasta el lugar marcado con una X.
¡Oh! dijo Teresa. —Sólo hay un agujero.
¡Alguien robó nuestro tesoro!
—¡Mira, Teresa! dijo su hermano Jorge.
Todos vieron a Sansón, el perro de la casa que llegaba con un paquete en la boca.
—¡Mi tesoro!— gritó Teresa.
—Buen chico— dijo el abuelo acariciando al perro.
El abuelo abrió el paquete y dentro encontró una botella con un barco.
¿Es este barco mi regalo?— preguntó.
Sí— dijo Teresa.
¡Qué maravilloso regalo!— contestó el abuelo.
—Será siempre mi tesoro.

Unidad 7

El barrio de mis primos

lección uno

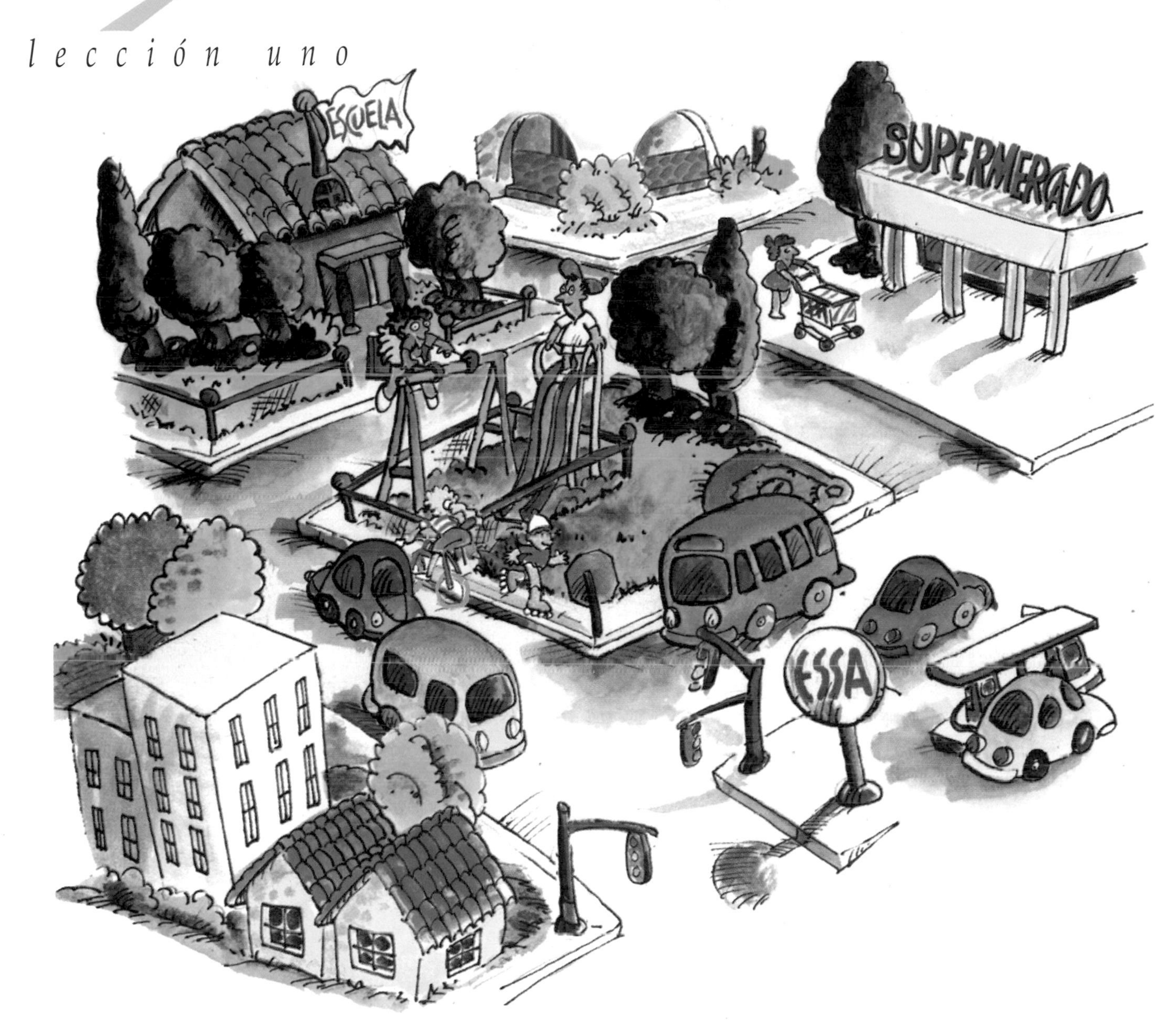

¡VAMOS DE PASEO!

El fin de semana pasado mis padres, mi hermana, mi abuelita y yo fuimos a visitar a mis primos y a mis tíos. Mis tíos viven en otro vecindario lejos de mi casa. Fuimos en autobús y fue un viaje muy interesante. Pasamos por varios barrios con casas grandes y lindas. Cuando llegamos, mi primo me llevó a ver su barrio y fuimos a muchos lugares. El vecindario no es grande. Es un vecindario pequeño. Hay un parque, una escuela, un supermercado, una estación de gasolina, muchas casas y algunos edificios.

El barrio de mis primos

¡VAMOS DE PASEO!

Mi primo vive en una casa grande y antigua con puertas y ventanas altas. En su vecindario hay muchos carros y autobuses. Los niños juegan en el parque cerca de la escuela.

El parque cerca de la escuela es grande y hermoso. Tiene muchos árboles y también un campo para jugar a la pelota. Había muchos niños en el parque.

Mi primo Antonio tiene muchos amigos. Todos son muy simpáticos y jugamos mucho. Ellos comparten sus juguetes con los amigos.

Las descripciones

Pedro vive en un vecindario bonito. Hay muchos árboles grandes y un parque cerca de una escuela vieja. Hay muchos niños, algunos niños son pequeños y otros son mayores. El mejor amigo de Pedro se llama Juan José. Él es alto y delgado. También están Luis, Cristina, una muchacha bonita y su hermanito, Oscar, un niño gordo y divertido. Por las mañanas, todos van a la escuela y por las tardes juegan en el parque. ¡Son niños muy felices!

¿Qué hacemos?

Carmen y Alain quieren escribir un cuento... muchos cuentos.
Como van a necesitar dibujos en los cuentos hablan con Antonio, que sabe dibujar muy bien.
Antonio les dice que sí. A él le gusta mucho dibujar cuentos.
¡Carmen y Alain están tan contentos! Ya tienen el equipo: Ellos van a escribir los cuentos y Antonio va a hacer los dibujos.
¿Pero, después? ¿Qué van a hacer con los cuentos?
Juan Pablo tiene una idea: —¡Vamos a hacer libros!...
¡Yo los reparto en el salón de clase!
¡Qué alegría! Todos los niños van a poder leer los cuentos que ellos van a escribir.

¡Hola! Yo me llamo Bárbara, tengo 10 años y vivo en Miami.
Yo tengo muchos amigos en mi clase. Me gusta escribir cuentos.
Yo escribo cuentos de aventuras y yo comparto mis ideas con Juan
Pablo, Carmen, Antonio y Alain, los niños de mi grupo.
Ellos también escriben cuentos y comparten sus ideas conmigo.
¡Muchas veces los personajes de los cuentos somos nosotros!
¿Puedes describirnos tú? ¡Nosotros juntos escribimos
historias fantásticas!

¿De quién es?

— ¿De quién es este libro?
— Es de Marta.
— ¿Es su libro?
— Sí, es el libro de ella.

— ¿De quién es esta tarea? No tiene nombre.
— Es mi tarea.
— ¿Es tuya?
— Sí, es mía. Gracias.

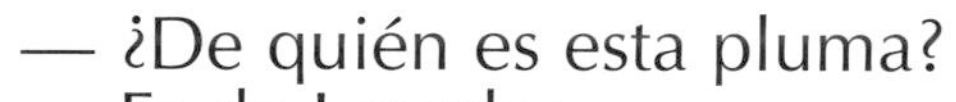

— ¿De quién es esta pluma?
— Es de Lourdes.
— ¿Es su pluma?
— Sí, es suya. Es la pluma de ella.

— ¿De quién es esta goma de borrar?
— Es de Alfredo.
— ¿Es su goma?
— Sí, es suya. Es la goma de él.

— ¿De quién es esta silla?
— Es de nosotros.
— ¿Es nuestra?
— Sí, es del salón de clase.

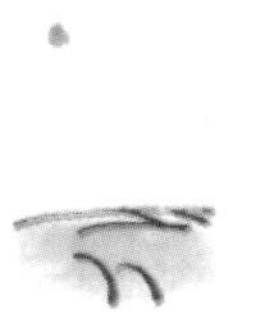

El menú

Sopas

Sopa de pollo
Sopa de pescado
Sopa de vegetales

Ensaladas

Ensalada de lechuga
Ensalada de tomates
Ensalalada mixta

Platos del día

Pollo con papas fritas
Arroz con pollo
Carne con papas asadas y guacamole
Carne asada con zanahorias
Bistec con vegetales
Pescado con arroz y frijoles refritos
Frijoles negros con arroz

Sándwich de pan con queso
Sándwich de pan tostado con jamón y lechuga
Tacos de pollo, frijoles refritos
Sándwich de ensalada de pollo

Bebidas

Leche
Jugos
Refrescos

Frutas

Manzanas
Naranjas
Uvas
Plátanos
Peras

Es la hora de almorzar. Los niños van a la cafetería. Ellos tienen mucha hambre y tienen que esperar su turno para comer. Hoy hay muchas frutas, ensalada, pollo, arroz, sopa, y frijoles. Elena quiere comer arroz con frijoles. José y Carlos quieren tomar sopa y comer ensalada. ¿Qué quieres comer tú?

¡Buen provecho!

En el restaurante

El domingo es el cumpleaños de Briana.
Sus amigos le van a dar muchos regalos. Su mamá, Carmen, la va a llevar a un restaurante español muy bueno. El restaurante está en el centro, cerca del cine y no lejos del museo.
El cocinero es amigo de su familia. Él es gordo y tiene unos bigotes grandes. Él les va a dar una mesa buena cerca de la ventana.
Luego, él va a preparar un menú muy sabroso para Briana y sus amigos.

Camarero:	— Buenas tardes.
Mamá:	— Buenas tardes. Queremos cenar, por favor.
Camarero:	— ¿Cuántos son?
Briana:	— Somos seis.
Camarero:	— Síganme, por favor.
Mamá: (A los niños)	— Niños, sigan al camarero.
Camarero:	— Señores, ¿les gusta esta mesa?
Mamá y su esposo:	— Sí, nos gusta. Está cerca de la ventana.
Camarero:	— Siéntense, por favor.
Carmen:	— Gracias.

(El camarero le da un menú a cada uno.)

Camarero:	— ¿Qué quieren comer?
Mamá:	— Yo quiero arroz con pollo y ensalada.
Papá:	— Yo quiero tacos de pollo con frijoles refritos y guacamole.
Carmen:	— Yo quiero arroz blanco, frijoles negros y pollo asado.
Juan Pablo:	— Quiero pescado, arroz y ensalada de tomates y un refresco también.

En el restaurante

Briana: — ¿Qué es una paella?
Camarero: — Es un arroz amarillo con muchas cosas: pescado, camarones, langosta, pollo... Es muy sabroso.
Briana: — Mami, quiero una paella por favor.
Mamá: — Está bien, pero debes compartirla con alguien.
Alain: — Yo quiero una fabada y un flan.
Camarero: — Con mucho gusto.

El camarero escribe la orden en una libretica y después va a la cocina. Un empleado les trae pan con mantequilla y les da agua.

Carmen: — ¿Briana, es éste tu vaso de agua?
Briana: — No, no es mi vaso de agua. Es el tuyo.
Carmen: — Dámelo, por favor.
Juan Pablo: — ¿Alain, es ése tu tenedor?
Alain: — No, es el tuyo.
Juan Pablo: — Pásamelo, por favor.
Mamá: — La comida está sabrosa. A mí me gusta mucho el arroz con pollo.
Camarero: — ¿Les gusta la comida? ¿Está todo bien?
Alain: — Sí, gracias.
Briana: — ¡Qué sabrosa está la cena!

Después de comer, el papá de Briana paga la cuenta y todos se van muy contentos.

lección siete

¿Iguales o diferentes?

Pablo y César son hermanos... ¡Son hermanos gemelos y se parecen mucho!
Pablo es un niño inteligente y muy alegre y César también. Pablo tiene 9 años y César también. Pablo es alto y flaco y César también. Pablo tiene pelo rubio y los ojos grandes y verdes y César también. Pablo está en cuarto grado y César también. Mucha gente se confunde, a César lo llaman Pablo y a Pablo lo llaman César. ¡Qué problema! Pero, ¿qué podemos hacer?

¿Iguales o diferentes?

Aunque parecen iguales en muchas cosas César es diferente de Pablo. A Pablo le gusta el color blanco y a César le gusta el negro. Pablo es lento y camina despacio y César es ágil y camina rápido. Pablo y César son fuertes, no son débiles. Pablo siempre usa pantalones largos y zapatos limpios y César usa pantalones cortos y zapatos sucios. César come mucho y Pablo come poco. A César le gusta la comida salada y caliente y a Pablo le gusta la comida dulce y fría. Pablo tiene un libro grande y siempre tiene algo que leer y César tiene un libro pequeño y no tiene nada que hacer. ¡Qué contraste! ¡Son iguales pero diferentes!

lección ocho

Gilda y sus amigos

ESCUCHA Y REPITE:

Algo / Nada

Hay algo en la mesa.

No hay nada en la mesa.

Hay algo en el portal.

No hay nada en el portal.

No hay nada en el pupitre.

Hay algo en el pupitre.

No hay nada en el supermercado.

Hay algo en el supermercado.

Gilda y sus amigos

ESCUCHA Y REPITE:
Alguien/Nadie

Hay alguien en el comedor.
No hay nadie en el comedor.
Hay alguien en el baño.
No hay nadie en el baño.
Hay alguien en el dormitorio.
No hay nadie en el dormitorio.
Hay alguien en la cocina.
No hay nadie en la cocina.

Tom fue a casa de Gilda después de la escuela y no encontró a nadie. Cuando Gilda, Beba y Rolando llegaron, Tom estaba en el portal de la casa.

Gilda: — ¡Hola, Tom! ¿Hace mucho tiempo que estás aquí?
Tom: — No, Gilda. Hace diez minutos solamente.
Gilda: — ¡Qué pena! No hay nadie en la casa. Mamá está en el mercado. Llega dentro de quince minutos. (Abre la puerta) Entren por favor.

Gilda y sus amigos

Beba: — Gilda, ¿tienes algo de tomar?... ¿un refresco, jùgo?
Gilda: — No, Beba. No hay nada en la casa. Mamá va a traer refrescos y jugos del supermercado...
Rolando: — Bueno, hay que esperar por tu mamá para tomar algo. ¿Podemos comer algo ahora?
Gilda: — Sí, creo que hay galletas y papitas fritas. Voy a buscarlas.

Tom: — ¿Hay alguien en la puerta? ¡Gilda!
Gilda: — ¡Oh...! ¡Mamá! ¡Qué bueno que llegaste! Todos tenemos mucha sed.
Mamá: — ¡Hola, hijita! ¡Hola, niños! Aquí traigo los refrescos y los jugos. Hay para todos.
Gilda: — ¡Qué bueno! Nadie se va a quedar sin tomar nada.

Gilda y sus amigos

Gilda y su mamá van a la cocina con los paquetes del supermercado. La mamá prepara una merienda muy rica y Gilda la ayuda. Ponen la merienda en la mesa de la cocina y llaman a los niños.

Rolando: — ¡Qué ricos están estos bocaditos!

Beba: — ¡Qué bueno, hay jugo de naranja! Me gusta mucho el jugo de naranja.

Tom: — (Come unas galleticas) ¡Qué sabrosas las galleticas!

Gilda: — ¡Qué mamá tan buena tengo!

lección nueve

La hora

EL RELOJ

Como sabes, utilizamos el reloj para medir el tiempo.
El reloj tiene dos agujas:
La aguja más corta es la que señala las horas, y se llama **horario**.
La aguja más larga señala los minutos y se llama **minutero**.
Cuando el minutero señala las 12, es la hora en punto.

¿QUÉ HORA ES?

La hora

¿RECUERDAS?

Ha pasado una hora.

Ha pasado media hora.

Ha pasado media hora.

Cada hora tiene dos medias horas.

DI LA HORA QUE ES:

LOS CUARTOS DE HORA:

Una hora tiene cuatro cuartos de hora:

Son las 8 en punto.

Pasa un cuarto de hora.
Son las 8 y cuarto.

Pasa otro cuarto de hora.
Son las 8 y media.

Pasan tres cuartos de las 8.
Son las 9 menos cuarto.

DÍ QUE HORA ES:

La hora

LOS MINUTOS:

Cada hora tiene 60 minutos.

Cuando el **minutero** está en la mitad derecha del reloj, usa **y.**

Son las 8 y cinco.

Pasan 5 minutos.
Son las 8 y diez.

Pasan 10 minutos.
Son las 8 y veinte.

Pasan 5 minutos.
Son las 8 y veinticinco.

DÍ QUE HORA ES:

Cuando el **minutero** está en la mitad izquierda del reloj usa **menos**.

Son las 9 menos veinticinco.
Son las 8 y treinta y cinco.

Pasan 5 minutos.
Son las 9 menos veinte.
Son las 8 y cuarenta.

Pasan 10 minutos.
Son las 9 menos diez.
Son las 8 y cincuenta.

Pasan 5 minutos.
Son las 9 menos cinco.
Son las 8 y cincuenta y cinco.

DÍ QUE HORA ES:

Unidad 8

lección uno

¡Vivimos en el presente!

Soy Isabel García y tengo ocho años. Yo vivo con mi familia: mi papá, mi mamá y mi hermana. Mi hermana tiene nueve años. Nosotros vivimos en un apartamento.

Nuestro apartamento es bonito, pero es pequeño. Tiene solamente dos dormitorios. Mi hermana y yo tenemos que compartir un dormitorio. Hay un solo baño en el apartamento. Nosotras tenemos que compartirlo con papá y mamá.

La escuela está muy lejos de nuestro apartamento. De lunes a viernes tenemos que levantarnos temprano. Yo me levanto primero, porque mi hermana Elvira siempre está cansada por la mañana. Yo me baño, me visto, me peino y me cepillo los dientes. ¡Me gusta levantarme temprano!

Cuando termino de arreglarme, despierto a mi hermana. Entonces Elvira se levanta y hace lo mismo: se baña, se viste, se peina y se cepilla los dientes. Mientras mi hermana se prepara, yo hago mi cama. Ella hace su cama cuando termina de prepararse, y ¡siempre tiene prisa!

¡Vivimos en el presente!

Cuando estamos listas, vamos a la cocina para desayunar. Mamá siempre nos prepara un buen desayuno. A veces desayunamos huevos con jamón y pan tostado, otras veces comemos cereal con frutas o panqueques con miel o almíbar, pero siempre tomamos un vaso de jugo y uno de leche.

Mi papá nos lleva a la escuela en carro. Salimos de casa a las 7:15 y llegamos a la escuela a las 8:00. Siempre hay mucho tráfico. Cuando bajamos del carro, mi hermana y yo vamos a nuestras clases. Yo estoy en tercer grado y ella está en cuarto grado.

A la hora del almuerzo, almorzamos en la cafetería. Yo me siento con mis amigos y hablamos en voz baja. Yo almuerzo a las 12:30, pero mi hermana almuerza más temprano. Ella almuerza a las 11:00.

Yo trabajo mucho en mi clase. Leo libros, escribo cuentos, tomo notas, hago matemáticas y estudio ciencias sociales. También dibujo y pinto en la clase de arte, canto y bailo en la clase de música y hago ejercicios, corro, salto y juego en la clase de educación física.
Mi hermana hace lo mismo, ella lee, escribe, estudia, dibuja, pinta, canta, baila, hace ejercicios, corre, salta y juega.
Yo creo que todos los niños en la escuela hacen lo mismo: leen, escriben, estudian, dibujan, pintan, cantan, bailan, corren, saltan y juegan.

¡Vivimos en el presente!

A la hora de salir, busco a mi hermana y esperamos a mamá. Ella nos recoge frente a la escuela todas las tardes.
Cuando llegamos a casa, descansamos un rato, comemos unas galleticas y después empezamos la tarea. Mi mamá prepara la comida. Cuando llega mi papá, él pone la mesa y comemos. Generalmente comemos en la cocina. Comemos en el comedor sólo cuando hay visitas.
Mi mamá cocina muy bien y prepara muchos platos muy ricos. Mi papá y yo comemos mucho pero mi hermana y mi mamá comen poco. Mi abuelita Elisa está hoy de visita, ella tampoco come mucho.
Mi comida favorita es el arroz amarillo con pollo. Me gusta comerlo con salsa picante. A mi hermana no le gusta la salsa picante y a mi abuelita tampoco.

Después de la comida, mi hermana y yo terminamos la tarea. Si hay tiempo, miramos la Tele un rato. Nuestros padres nos permiten ver sólo programas para niños. Yo me acuesto a las 8:30, pero mi hermana Elvira se acuesta a las 9:00 o a las 9:30. Nuestros padres se acuestan mucho más tarde.
¿Y después? —¡Otro día!

¡Un atraco en la Calle 19!

por Jorge Valdivia

Esta mañana a las 8:30 un señor fue atracado en un parquecito en la Calle 19 y la Avenida de las Américas. El señor perdió su reloj y su billetera con todo el dinero en el atraco.

Las hermanitas gemelas Jasmín y Rosita Vargas, de 72 años de edad, dicen que pueden describir al atracador — o atracadores. Jasmín dice que el bandido es un hombre muy grande vestido de ropa oscura.

Ella dice que el ladrón tiene barba, que es moreno y que siempre está en ese parquecito. Su gemela Rosita dice que no es un ladrón sino dos. Ella dice que uno de los atracadores es bajito, rubio y vestido de ropa clara. Dice que el otro bandido tampoco es grande; es mediano y de pelo castaño claro. También dice que ninguno de los dos tiene barba.

Ella dice que los atracadores nunca están en el parquecito, que nunca hay nadie en ese parquecito.

Este periodista dice: — Si quieres saber algo, ¡no les preguntes nada a estas gemelas!

¡También vivimos ayer!

¿QUÉ HACEMOS?

Hoy es sábado. ¡Es un día lindo! Mis amigos y yo estamos en el parque desde temprano. Cuando estamos en el parque, corremos y saltamos mucho. Yo corro más rápido que mi hermano. Teresa salta más alto que todos. Ella salta como un saltamontes.
Hace mucho sol al mediodía y descansamos un rato a la sombra de los árboles. Comemos unos sándwiches y unas papitas fritas y tomamos jugo. Después yo hablo con Teresa y Roberto. Mi hermano y Lilia caminan por un rato. A las dos de la tarde empezamos a jugar otra vez.

¿QUÉ HICIMOS?

Ayer fue sábado. Fue un día lindo. Mis amigos y yo estuvimos en el parque desde temprano. Cuando estuvimos en el parque, corrimos y saltamos mucho. Yo corrí más rápido que mi hermano. Él corrió muy despacio. Teresa saltó más alto que todos. Ella saltó como un saltamontes.
Hizo mucho sol al mediodía y descansamos un rato a la sombra de los árboles. Comimos unos sándwiches y unas papitas fritas y tomamos jugo. Después yo hablé con Teresa y Roberto. Mi hermano y Lilia caminaron por un rato. A las dos de la tarde empezamos a jugar otra vez.

Unidad ocho

lección cuatro

¿Quién lo vió?

La puerta misteriosa

Hoy Beth se levantó temprano. Cuando se levantó, ella les dijo a sus hermanitas:

— Hoy voy a limpiar nuestro cuarto. Voy a sacar todos los juguetes viejos y la ropa sucia. Dejen la puerta abierta. Necesito entrar y salir con la canasta y las cajas.

Beth salió con una canasta muy grande llena de ropa sucia. La llevó al cuarto de lavar la ropa.

Cuando regresó la puerta estaba cerrada.

Ella la abrió y entró.

Entonces preguntó:

— ¿Quién cerró la puerta?

Las dos hermanas la miraron y contestaron a la vez: — ¡No fui yo!

Beth contestó: — La puerta no se cierra sola.

Beth no estaba contenta. Recogió más ropa en la canasta y salió, dejando la puerta abierta.

Cuando regresó, la puerta estaba cerrada. Ella la abrió y entró. Entonces preguntó: — ¿Quién cerró la puerta? Una hermana dijo: — ¡No fui yo! La otra dijo: — ¡A lo mejor fue un fantasma! — ¡Sí! — dijo la primera. — ¡Un fantasma la cerró! ¡Fue un fantasma! Beth ya estaba más enojada y dijo: — No fue un fantasma. Los fantasmas no necesitan abrir y cerrar puertas. — Escuchen bien ¡dejen la puerta abierta!

Beth recogió los juguetes viejos y rotos, y muchas otras cosas viejas, los puso en una caja y salió. Ella los llevó al garaje.

¿Quién lo vió?

Entonces Beth dijo:
—¡Estoy muy enojada ahora!
¿Cuál de las dos cerró la puerta?
Las dos contestaron a la vez:
—¡Yo no fui! Y empezaron
a llorar.

Beth empezó a regañar a las niñas cuando oyó un ruido y miró hacia la puerta. Las hermanas también miraron y gritaron:
—¡La puerta está cerrando! ¡Ay, ay, ay! ¡Regresó el fantasma!
Y lloraron más.

Beth miró detrás de la puerta y vió la caja de su nuevo perrito. Ella les dijo a sus hemanas: —¡Aquí está el fantasma! Todas se rieron y Beth le dijo al perrito: —Ya no te voy a llamar Blanquito.
¡Te voy a llamar Fantasma!

lección cinco

¿Por dónde?

UN PASEO POR EL VECINDARIO

Hoy es domingo. Chabela y Paquito no tienen prisa. Ellos van al cine y van por un camino nuevo, un camino más largo. Primero salen de su casa y pasan por el centro comercial.

En el centro comercial hay tiendas de ropa y de regalos. También hay una juguetería y una zapatería. Chabela y Paquito miran todas las cosas en las vitrinas.

Ellos cruzan la calle y paran frente al restaurante. Ven todas las comidas: hay tacos, arroz, frijoles, hamburguesas, papas fritas y helados. Ven a su amigo, el mesero, y lo saludan.

Después pasan por detrás de la estación de policía. Su amigo Ben vive en esta calle. Quieren saludarlo pero él no está en la calle. Entonces siguen por el camino nuevo.

¿Por dónde?

Siguen derecho y paran en la esquina. Miran en ambas direcciones antes de cruzar la calle. Ya están frente al parque pero no van a jugar — ¡Van a seguir paseando!

Pasan por la escuela; es domingo y no hay nadie en la escuela. Siguen derecho hasta el puente — pero no lo cruzan.

Doblan a la derecha y caminan al lado del río. Doblan a la derecha de nuevo y están frente al cine.

Compran sus boletos y entran. Van a ver una película para niños muy linda. Es del viaje de un osito y un perrito hasta su casa. Los animalitos tienen que pasar muchos peligros.

Aquí está el mapa del vecindario o barrio de Chabela y Paquito. En el cuento nunca dicen dónde viven, dónde queda su casa. Mira el mapa bien y piensa cómo puedes encontrar la casa de ellos. ¡Hazlo para ver si estás bien!

¿Un mapa o un mago?

Dolores Rivera vive en El Paso, Texas, con sus papás y su hermanito. Ellos van a visitar a los abuelos de Dolores. Los abuelos viven en la capital de México. La capital se llama México D.F. y es una ciudad muy grande. La familia va a viajar en carro.

El papá de Dolores ya tiene los planes hechos para el viaje. Él les muestra el camino en el mapa. Van a cruzar la frontera y entrar en Ciudad Juárez. De allá van a bajar por la carretera número 49 a Chihuahua. Van a pasar la noche en Chihuahua con unos familiares. La mamá de Dolores tiene unos tíos que viven en una casa colonial muy grande, con patio interior.
Al otro día van a ir hasta Torreón y después van a seguir por la 49 hasta Zacatecas. Van a llegar a la casa de unos amigos y van a pasar la noche en su casa. Al otro día van a visitar los lugares interesantes de Zacatecas.

¿Un mapa o un mago?

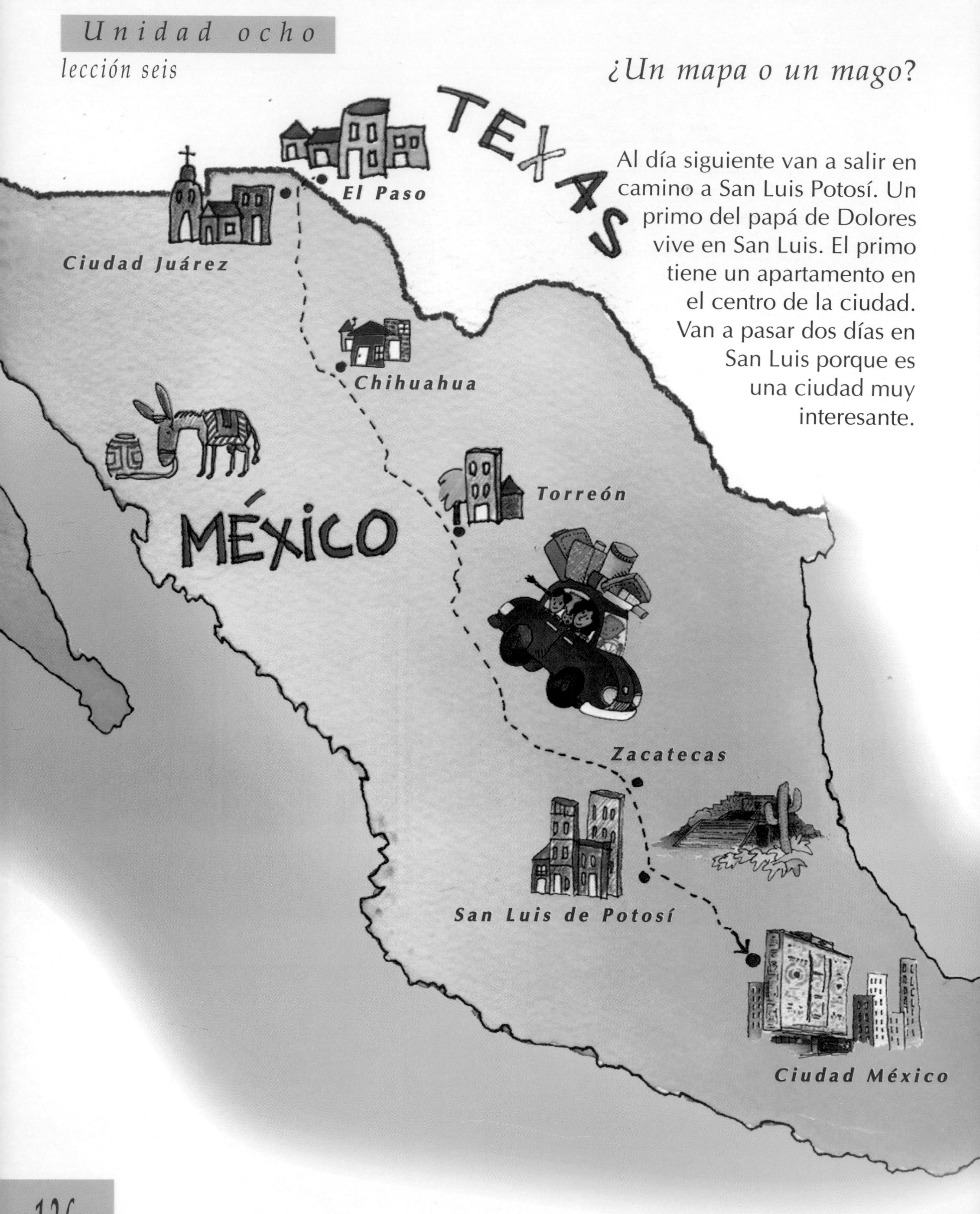

Al día siguiente van a salir en camino a San Luis Potosí. Un primo del papá de Dolores vive en San Luis. El primo tiene un apartamento en el centro de la ciudad. Van a pasar dos días en San Luis porque es una ciudad muy interesante.

Después, van a ir hasta Querétaro por la carretera número 57. De allá bajan por la carretera 57D hacia La Ciudad de México. Van a parar en el camino para ver los lugares famosos de Tula y Teotihuacán. Estos lugares tienen cosas importantes de las culturas indias pre-colombinas que vivían en México hace muchos años. En Tula hay unas estatuas de hombres de unos 15 pies de alto. Los indios Toltecas vivían en esta ciudad antigua hace muchos cientos de años.

¿Un mapa o un mago?

Dos de las pirámides
más altas del mundo están
en las ruinas de la ciudad
india de Teotihuacán. Esta
ciudad fue la ciudad más grande
del valle de México. Cuando
los aztecas llegaron al valle
de México ya Teotihuacán
estaba en ruinas.
Después de visitar estas dos
ciudades indias pre-colombinas
la familia de Dolores va a seguir
por la 57D hasta la ciudad de México.
Allá van a pasar una semana
con los abuelos — una semana
para visitar a los abuelos y para
ver todas las cosas interesantes
y lindas en esta ciudad.

Ya los Rivera están en La Ciudad de México.
Es una ciudad muy grande y con mucho tráfico.
Vamos a escuchar lo que dicen:

Papá: — ¡Miren! ¡Qué tráfico!
Dolores: — ¡Ay, papá! ¡Cuidado! ¡Ese camión viene muy rápido!
Mamá: — ¿Por dónde hay que doblar para llegar a la casa de los abuelos?
Papá: — No sé. No reconozco nada. La ciudad es muy grande ahora. ¡Hay muchas más calles!
Pablito: — ¡Mira, mamá! Mira a la señora. ¡Ella vende unas flores muy bonitas!
Mamá: — Sí, Pablito — pero busca más bien la calle de los abuelos.
Pablito: — Papá, ya llevamos una hora buscando. ¿Por qué no miras tu mapa?
Papá: — Este mapa es sólo de las carreteras de México. No muestra las calles de las ciudades.
Mamá: — ¿Por qué no compras un mapa de la ciudad?
Papa: — No puedo. ¡El tráfico no me deja mover!
Dolores: — Para salir de este tráfico, no necesitamos un mapa — ¡necesitamos un mago!

¿Que sí y que no?

Hoy es domingo. Ben no se siente bien. Después de unos minutos Ben llama a su hermana: ¿Qué estás haciendo ahora? Ella le contesta: Estoy en mi dormitorio. Estoy recogiendo todos mis juguetes y los estoy guardando en la caja. También voy a recoger mis libros y los voy a poner en el librero.
Ben le dice: No me siento bien. Estoy aburrido. Lee uno de tus libros en voz alta ...aquí en mi dormitorio.
Su hermana le dice: Está bien. Ella lleva un libro al dormitorio de Ben y empieza a leer. Ben se mueve mucho en la cama y le dice: ¡No! ¡No leas más! ¡Estoy cansando! Quiero dormir.

Ben está en su cama con dolor de cabeza, fiebre y tos. Él llama a su mamá: —Mamá, abre la ventana, por favor. Tengo calor.
La mamá viene y empieza a abrir la ventana. De pronto Ben le dice: —¡No! No abras la ventana. Ya no tengo calor. Tengo frío... tengo mucho frío.
La mamá le pone otra cobija y sale del dormitorio. Ella le dice: —Voy a la cocina. Voy a hacerte una sopita de pollo.

¿Que sí o que no?

Ben quiere dormir, pero no puede. Él llama a la mamá otra vez:
—¡Mamá! ¡Mamá!
La mamá viene y le pregunta: —¿Qué te pasa, Ben? ¿Qué quieres hacer? ¿Quieres jugar? ¿Quieres dibujar? ¿Quieres mirar televisión?
—¡No! —dice Ben—. No quiero hacer nada. Estoy muy enfermo y no me siento bien. Sólo quiero dormir.
—Toma este jarabe —le dice ella—. Y acuéstate a dormir.
Ben le dice: —Gracias, mamá.